# Desconexión digital en el trabajo

Yolanda López Benítez

ic editorial

**Desconexión digital en el trabajo**
© Yolanda López Benítez

1ª Edición

© IC Editorial, 2025

Editado por: IC Editorial
c/ Cueva de Viera, 2, Local 3
Centro Negocios CADI
29200 Antequera (Málaga)
Teléfono: 952 70 60 04
Fax: 952 84 55 03
Correo electrónico: iceditorial@iceditorial.com
Internet: www.iceditorial.com

ISBN: 979-13-7027-020-9
Depósito Legal: MA 1279-2025

Impresión: PODiPrint
Impreso en Andalucía – España

Nota de la editorial: IC Editorial pertenece a Innovación y Cualificación S. L.

# Índice

## OBJETIVOS GENERALES

Los objetivos generales de **Desconexión digital en el trabajo** son:

- ⮞ Conocer las causas y efectos en la salud ocupacional provocados por el impacto de la conectividad en el uso de las tecnologías en el ámbito laboral.
- ⮞ Profundizar en la base jurídica sobre la que se sustenta la libertad individual del trabajador al acogerse al derecho a la desconexión digital como herramienta legislativa, asegurando con ello el respeto al descanso fuera de los tiempos de trabajo.

# Introducción a la desconexión digital

# Contenido

# Objetivos

El objetivo general de esta Unidad de Aprendizaje es:

→ Conocer las causas y efectos en la salud ocupacional provocada por el impacto de la conectividad en el uso de las tecnologías en el ámbito laboral.

Los objetivos específicos de esta Unidad de Aprendizaje son:

→ Explorar la influencia del estrés laboral en la salud física y psicológica en los trabajadores.

→ Señalar las causas que pueden desencadenar en un debilitamiento emocional crónico del trabajador.

→ Reconocer el papel que juegan las nuevas tecnologías como estresores o desencadenantes del distrés laboral o tecnoestrés.

→ Identificar instrumentos competenciales para mejorar el riesgo de sufrir patologías relacionadas con la conectividad laboral.

# 1. Introducción

En el nuevo paradigma empresarial protagonizado por la transformación digital de las organizaciones, cobra especial relevancia prestar atención a un mal que de no ser prevenido y gestionado a tiempo, puede derivar en la pérdida de competitividad en el actual mercado global. El efecto que provoca este mal es contrario al que persigue toda innovación empresarial, la evolución de lo social.

La era tecnológica está caracterizada por la revolución social, económica y cultural que provoca la democratización de muchas tecnologías, pero en especial aquellas relacionadas con la información y la comunicación (TIC) que están al servicio de profesionales, organizaciones, empresas, instituciones públicas y privadas y también al resto de la ciudadanía.

Pero toda esta rebelión tecnológica no está exenta de peligros. Ahora más que nunca y en el ámbito empresarial se hace necesaria la mejora de metodologías organizativas y de entornos de trabajo saludables, donde los recursos tecnológicos aporten los mayores beneficios con el fin de progresar hacia el bienestar humano.

Sin embargo, hay alguna gran desventaja que poco a poco va alimentándose.

Por todo ello, en esta unidad se abordará una importante enfermedad laboral del siglo XXI que provoca gran impacto en las organizaciones y también en la sociedad. Un virus que ha encontrado en la tecnología el medio para propagarse poco a poco.

Para el desarrollo de esta unidad, nos basaremos en el caso de Jorge, un padre de familia cuyos dos hijos pequeños le reclaman tiempo para la diversión, y que encuentra grandes dificultades para repartir el gran recurso llamado tiempo entre dos importantes responsabilidades: las profesionales y las familiares.

## 2. El estrés: la otra pandemia del siglo XXI

### 👉 HILO CONDUCTOR

Jorge ha sido agente de seguros durante algunos años. Sus buenos resultados le han llevado a poder independizarse y crear su propio equipo comercial. La compañía está satisfecha con la decisión de este buen empleado que ahora desempeña sus funciones desde la posición de colaborador. Sin embargo, la falta de experiencia y su personalidad inquieta están mermando alguna de sus capacidades, que se ven agravadas con ciertas exigencias familiares.

### 2.1. Conceptos

El **estrés laboral** no es un término nuevo. Ya en la década de los años 70 se hablaba de él como un estado de ánimo del trabajador caracterizado por una sensación de extenuación emocional, originada por circunstancias diversas que derivaban en una sobrecarga mental y física, y que afectaba directamente al rendimiento del individuo que lo padecía.

*Existen elementos que pueden precipitar la aparición de estrés laboral, como, por ejemplo, los rasgos de personalidad. Sin embargo, las principales causas motivantes suelen ser aquellas relacionadas con la sobrecarga de tareas, la gestión de recursos y cambios radicales o imprevistos.*

 DEFINICIÓN

**Estrés laboral**

Es una enfermedad reconocida por la OMS (Organización Mundial de la Salud) que produce en el trabajador unas consecuencias cognitivas, físicas y emocionales. Está originada y condicionada por diferentes causas unidas también a factores ambientales.

 PARA SABER MÁS

En los últimos años, la tecnología ha cambiado por completo la forma en la que trabajamos. Hoy en día, muchas tareas se realizan desde ordenadores, móviles o plataformas digitales. Esto ha traído muchas ventajas, como más flexibilidad o rapidez en la comunicación, pero también ha generado nuevos riesgos para la salud de las personas que trabajan.

El siguiente recurso presenta la **Estrategia Española de Seguridad y Salud en el Trabajo 2023-2027,** donde se reconoce esta realidad y se proponen medidas para la adaptación a los cambios tecnológicos. Su objetivo principal es **anticiparse a los riesgos que pueden surgir con el uso de nuevas tecnologías** y garantizar que los entornos de trabajo sean seguros y saludables para todas las personas.

https://redirectoronline.com/desctrabajo0102

Hay que saber distinguir entre el estrés laboral con efectos nocivos para la salud, reconocido también como **distrés** laboral, y el otro tipo de tensión llamada **eustrés** laboral. Para ello, y antes de proporcionar una diferenciación entre ambos conceptos, tomarás como base una de las definiciones clave de la OMS sobre el estrés:

*Reacciones fisiológicas que permiten al organismo adaptarse a nuevas demandas (OMS, 2023).*

A continuación, se describen las diferencias entre los siguientes términos:

| Distrés laboral | Eustrés laboral |
|---|---|
| - Es el tipo de estrés laboral que produce una respuesta de sobreesfuerzo desproporcional en relación con la carga o actividad encomendada. Esto significa que produce una respuesta fisiológica totalmente desordenada que acelera la realización de las funciones de una manera desequilibrada, produciendo un agotamiento desmesurado en el individuo. | - Es el tipo de estrés laboral que produce una respuesta ordenada y equilibrada. Prepara al individuo para afrontar cambios y dar respuestas positivas, produciendo en él una sensación de bienestar. |

## SABÍAS QUE...

En 1948 la Conferencia Sanitaria Internacional que reunió en Nueva York a 61 Estados de todo el mundo definió el concepto *salud* como: *un estado de completo bienestar físico, mental y social, y no solamente la ausencia de afecciones o enfermedades.* Esta definición sirvió de preámbulo para dar como constituida la Organización Mundial de la Salud (OMS) y cuya definición a día de hoy se mantiene inalterada.

## APLICACIÓN PRÁCTICA

**Marina es una chica optimista que siempre se ha esforzado para dar lo mejor de sí. Tras algunos años dando el callo, su esfuerzo por fin ha sido reconocido y ahora es la mejor empleada del año. El director de su empresa le ha propuesto un ascenso realmente merecido. Se encargará de gestionar un equipo comercial repartido por toda la geografía nacional. Aunque Marina está de sobra preparada, la idea de la promoción le está causando un alto estrés y gran desasosiego. Como empleada**

*Continúa en página siguiente >>*

*<< Viene de página anterior*

**ejemplar y responsable, tendrá que aprender a manejar herramientas directivas: cuadro de mandos y alguna de tipo colaborativa.**

**¿Serías capaz de identificar el tipo de estrés laboral que está causando gran nerviosismo a Marina?**

**Solución**

Para Marina, enfrentarse al inminente ascenso le supone un esfuerzo importante. Esto implica tener que enfrentarse a nuevas situaciones en el trabajo que para ella son totalmente desconocidas. El estrés positivo o eustrés le ayuda a ser proactiva y canalizar la energía con una actitud efectiva. De alguna manera, el eustrés es una buena herramienta de motivación y sin duda le servirá a Marina para afrontar los problemas que le puedan surgir durante su adaptación.

---

## 2.2. Armas para combatirla

Es evidente que el estrés brota en el individuo justo cuando valora que se encuentra frente a un escenario amenazante, viéndose incapaz de combatirlo con los recursos de los que dispone en esa circunstancia que suele alargarse en el tiempo.

Aunque son muchas las armas a las que se puede recurrir para combatir el estrés laboral, quizá una de las más importantes es trabajar la **resiliencia.** Se trata de una habilidad humana que sirve como instrumento de adaptación a una situación perturbadora que no está bajo control.

## DEFINICIÓN

**Resiliencia**
Es la capacidad que tienen algunas personas para superar con ánimo situaciones problemáticas, avanzando con actitud positiva frente a las adversidades encontradas. Como diferencia están las otras personas no resilientes, que no terminan de adaptarse ni sobrellevar ningún tipo de situación traumática.

---

La resiliencia sirve entre otras cosas para gestionar y sobreponerse a emociones negativas. Se aprovecha como trance para hacer una adaptación correcta de una situación estresante y adversa. Puede ser, por tanto, una buena herramienta para abordar el estrés laboral si se trabaja y se fomenta como competencia en el desarrollo personal.

 **IMPORTANTE**

El actual ecosistema digital, donde se exige una conectividad constante en el mundo laboral, puede ser visto por el trabajador como un entorno realmente amenazante. El personal laboral o cualquier profesional puede sentirse incapaz de gestionar adecuadamente, dentro de un horario establecido, los recursos tecnológicos de comunicación disponibles como *WhatsApp*, *Microsoft Teams*, *Slack*, *Telegram*, *Notion*, etc.); plataformas hoy en día muy utilizadas en entornos de trabajo. También, a un empleado le puede generar estrés definirse a sí mismo como un ser incompetente por tratar de querer desconectar de la red, o bien por destacar negativamente al tomar la decisión de salirse del grupo de chat.

Una gran cualidad de las personas resilientes es que tienen gran capacidad para observar desde la distancia los problemas. Esto facilita una mejor gestión de la presión a la que se está sometido.

*Es muy útil trabajar la resiliencia, ya que mejora el equilibrio emocional. Es un ingrediente vital para abordar circunstancias estresantes cada vez más comunes en los actuales entornos laborales cambiantes.*

 **CONSEJO**

Existen muchas maneras para aprender a ser resiliente. Quizá, la mejor forma de comenzar a desarrollar esta capacidad es aceptando que los cambios y situaciones adversas son desafíos que forman parte de la existencia.

## 3. El impacto de las tecnologías en el ámbito empresarial

**HILO CONDUCTOR**

Aunque la mujer de Jorge no estaba muy de acuerdo con que su marido montara su propia oficina comercial, finalmente terminó apoyándole y animándole a progresar en su carrera profesional.

Ahora que Jorge ya tiene formado su equipo de trabajo al completo, comienzan las primeras dificultades de gestión. Él detecta que depende excesivamente de la aseguradora, quien tarda mucho en proporcionarle ciertos datos para atender correctamente a su cartera de clientes. Por este motivo, y en base a su experiencia, decide proponer a su empresa que le habiliten sus dispositivos móviles para acceder a los *leads* y clientes. Jorge piensa que de esta manera podrá contratar directamente sin necesidad de desviar las nuevas solicitudes de pólizas a la central. Sin embargo, este emprendedor desconocía que esta decisión le sometería a un mayor grado de control. La compañía, además, no deja de alertarle telemáticamente de datos e información principalmente relacionados con el cuadro de mandos. Jorge comienza a sentir demasiada presión y esto empieza a repercutir en la relación.

Es evidente que la **conectividad de los empleados** proporciona enormes ventajas al mundo empresarial. El impacto de las tecnologías ha hecho posible que los negocios puedan ser más competitivos y puedan optar a sobrevivir en un mercado global. La labor de los trabajadores en este sentido es una inestimable ayuda para las compañías.

El impacto que las tecnologías están teniendo es el siguiente:

La tecnología está permitiendo poder trabajar desde dispositivos móviles.

La tecnología permite una comunicación directa y rápida con los empleados con la mensajería instantánea.

Las empresas fomentan la cultura BYOD *(bring your own device)*.

Los empleados son verdaderos anfitriones que difunden mensajes comerciales de sus empresas en redes sociales.

Las plataformas digitales de trabajo colaborativo permiten a los empleados participar sin un horario.

Es posible ofrecer rápidas respuestas *online* a clientes y usuarios cada vez más conectados.

El posicionamiento web de los negocios es un enorme escaparate virtual de la empresa, normalmente gestionado por profesionales que no tienen horario de trabajo, etc.

 **DEFINICIÓN**

**Cultura BYOD**
Es una tendencia generalizada del mundo de los negocios y las empresas que permite que los empleados puedan realizar actividades y responsabilidades desde sus dispositivos móviles, posibilitando el acceso a recursos empresariales incluso más allá de los horarios laborales.

## ACTIVIDAD COMPLEMENTARIA

1. Es evidente que el mundo avanza y evoluciona gracias a la innovación tecnológica. Los cambios en las organizaciones del trabajo también representan una de las fuerzas que transforman el escenario en el que se desarrollan las actividades profesionales. Tanto es así que es práctica de muchas empresas permitir el uso de dispositivos personales como herramientas de trabajo. Esta filosofía BYOD facilita el acceso al personal, desde cualquier lugar y a cualquier hora, de datos internos de la compañía, también de herramientas y recursos.

   En base a esto, determina qué ventajas y qué inconvenientes representa esta nueva forma de trabajar desde la perspectiva del empleado.

**¿Has experimentado alguna situación estresante por tener que estar conectado a tu trabajo más allá del horario de la jornada laboral?**

Resulta cada vez más complejo tomar la decisión de desconectar digitalmente para preservar el tiempo personal. Esta decisión es imposible de tomar si el empleado no percibe una aceptación por parte de su organización. Además, muchas empresas no son conscientes de la problemática que se les puede avecinar por no permitir esta **desconexión digital.**

*Quizá, aún no se estén valorando suficientemente los problemas de **ansiedad** que los usuarios están experimentando por no poder desconectar en todo el día de su faceta profesional.*

 **DEFINICIÓN**

**Desconexión digital**

Es el derecho de toda persona trabajadora a no conectarse a plataformas digitales ni utilizar dispositivos tecnológicos, como tabletas, teléfonos móviles, ordenadores portátiles o de sobremesa, para realizar tareas laborales ni responder mensajes o comunicaciones digitales durante los períodos de descanso, vacaciones o fuera del horario laboral establecido.

## 4. Síndrome de *burnout:* tipos y diagnóstico

☞ **HILO CONDUCTOR**

La personalidad de Jorge también es un estresor. Su naturaleza inquieta no ayuda a abordar la nueva situación con tranquilidad. Sin embargo, no son los números ni los objetivos lo que más le preocupa, está relacionado con otro tipo de presión. La compañía le exige que realice un número de ventas telefónicas y para ello le habilita una firma electrónica. Utiliza una tecnología que a veces no le funciona. El estrés va en aumento, pues cree no saber gestionar ni los recursos ni muy bien el tiempo.

La **insatisfacción laboral** causada por uno u otro motivo puede desencadenar en una considerable reducción de la productividad de los empleados. La sensación negativa de estrés, que poco a poco se va haciendo crónico, repercute directamente en la eficacia del desempeño a la hora de realizar las tareas propias de la actividad laboral.

Este efecto de agotamiento entre el personal en el ámbito organizacional recibe el nombre de **síndrome de *burnout.***

 **DEFINICIÓN**

**Síndrome de *burnout***
Es una enfermedad reconocida por la Organización Mundial de la Salud (OMS). Su nombre, *burnout,* hace referencia a la sensación de "estar quemado". Este síndrome está relacionado con el estrés crónico que sufre un trabajador al abordar con presión sus responsabilidades laborales diarias.

El mundo del trabajo ha ido experimentando un cambio que se ha agudizado en los últimos años con la transformación digital de los negocios, las nuevas exigencias competenciales y una nueva manera de competir en un mundo globalizado. Muchos empleados están sometidos a un alto estrés, caracterizándose por una sensación de "estar quemado".

## 4.1. Causas y consecuencias

El fenómeno *burnout* es un mal cada vez más extendido. Las **causas** son diversas y graves sus **consecuencias,** no solo para quien las sufre, sino también para las empresas. Las compañías detectan una falta de motivación a la hora de ejecutar trabajos por parte de los empleados afectados.

 **NOTA**

Un empleado desmotivado puede ser un virus en un entorno de trabajo, ya que puede transmitir rápidamente un ambiente nefasto y extenderse por toda la organización.

Entre las numerosas causas que pueden dar pie a sufrir el síndrome de *burnout* están las siguientes:

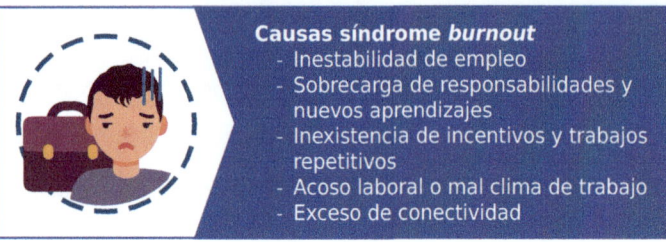

## NOTA

La escasa retribución económica que impide al personal cubrir niveles esenciales de la **pirámide de Maslow** también son causas desencadenantes del estrés laboral.

*Representación de las jerarquías motivacionales del ser humano*

Aunque son muchas y diversas las causas que pueden provocar que un empleado padezca el síndrome de *burnout,* es cierto que se ha descubierto que la **conectividad laboral** favorecida por la tecnología es un gran **estresor** que produce en el afectado un gran **desequilibrio emocional** llamado **tecnoestrés.**

La conectividad forma parte de la vida cotidiana. Las empresas han visto en ello una oportunidad para mejorar la productividad potenciando la interacción entre empleados y clientes. La comunicación *online* y muchas herramientas digitales son ya esenciales en los procesos productivos. El avance de proyectos y la comunicación con la clientela o el equipo de trabajo, ya no requieren un horario definido.

La conectividad laboral en sí misma no es perjudicial. Proporciona múltiples beneficios, como la sensación de pertenencia del trabajador a un equipo y el desarrollo de nuevas habilidades. Sin embargo, puede llegar a ser muy perjudicial si la empresa no la lleva a cabo con responsabilidad social corporativa.

## SABÍAS QUE...

Craig Brod fue el primer psiquiatra que definió el estrés provocado por la incapacidad de gestionar saludablemente la tecnología con el término de **tecnoestrés.**

- - - - - - - - - - - - - - - - - - - - - - - - - - - - - - - - - - - - - - -

Con el paso del tiempo han aparecido otros términos menos genéricos como son:

El desequilibrio emocional causado por la conectividad laboral se desencadena por altas exigencias y nulas o muy bajas recompensas para el empleado, unido al deseo del propio sujeto a alcanzar el éxito profesional y los miedos asociados a perder el puesto de trabajo por no mantenerse conectado.

 **NOTA**

La presión de las exigencias **(intraempresarial)** y la también autoexigencia del trabajador **(intrapersonal)** son condicionantes que predisponen una situación favorable para que el fenómeno *burnout* se desarrolle. Una vez activo, produce efectos secundarios en el afectado como muchos otros trastornos y enfermedades.

Por otra parte, las **consecuencias** derivadas del padecimiento del síndrome del quemado se pueden dividir en tres grupos en función del área afectada:

- **Cognitivas:** son múltiples las consecuencias cognitivas derivadas del estrés laboral. Desde olvidos repentinos que pueden perjudicar directamente a los resultados de la actividad laboral, poniendo en peligro la continuidad del empleo, hasta incapacidad para realizar una tarea por problemas de concentración.
- **Físicas:** las consecuencias fisiológicas son las que más alertan. Cefaleas, incapacidad de descansar impidiendo disfrutar del sueño reparador, enfermedades de la piel, alopecia, hipertensión, etc.
- **Emocionales:** en cuanto a los daños emocionales, pueden ir desde crisis de ansiedad hasta un cuadro depresivo.

## 4.2. Sintomatología

Las personas que presentan el síndrome de *burnout* tienen un cuadro clínico protagonizado principalmente por una **debilidad emocional** y un gran agotamiento físico (sistema inmunitario afectado). Lógicamente no todas las personas padecen la misma sintomatología. La duración y respuesta a la enfermedad dependerá de la fortaleza del individuo, lo arropado que se encuentre en su entorno familiar y la pronta asistencia médica.

Detrás de los síntomas físicos que caracterizan la enfermedad de *burnout* está el daño emocional del afectado, quien suele sentirse víctima de la deshumanización de su entorno de trabajo.

 **IMPORTANTE**

Ninguna persona diagnosticada de estrés laboral puede sentirse realizada ni motivada en su trabajo.

## 4.3. Tratamiento

Una vez diagnosticado el síndrome del quemado, la pauta médica, más allá de controlar las patologías surgidas, suele ir orientada a reforzar el control emocional del enfermo.

Ante este escenario de estrés excesivo, la forma de abordar el **desgaste profesional** del individuo es mejorar dos aspectos importantes de su **desarrollo personal.**

A continuación, se describe el posible tratamiento que puede tener este síndrome:

| Autoestima | Autoeficacia |
|---|---|
| - Proceso introspectivo dirigido a elevar la conciencia del yo que permite identificar las fortalezas, virtudes, limitaciones, miedos, necesidades y las áreas de mejora de uno mismo. | - Autoconocimiento para percibirse como individuo capaz de realizar las tareas que uno debe y puede realizar con los recursos temporales, humanos y materiales disponibles. |

## 4.4. Medidas preventivas

Atender al móvil a cada instante fuera de horarios laborales, presentar datos desde la *tablet,* enviar presupuestos, contestar a correos electrónicos, responder a los *WhatsApp* de compañeros y jefes y, como no, tener presencia en las redes sociales. **¿Te suena todo esto?**

Todas estas labores responden al perfil del **"estresado tecnológico".** Sin embargo, este nuevo estrés laboral es percibido por la sociedad como algo totalmente normal, aunque entraña graves peligros para la salud mental.

Finalmente, este aglomerado de acciones termina convirtiéndose en tareas automatizadas, perdiendo la persona la conciencia de lo que todo ello supone. Para el trabajador, esta situación representa un peligroso problema por su mala **gestión de la conectividad.**

 **DEFINICIÓN**

**Gestión de la conectividad**
Implica una forma eficiente y eficaz de gestionar saludablemente las tecnologías de la información y la comunicación. También supone la capacidad de desconectar de esta tecnología adictiva desde el control de los recursos y el tiempo, sabiendo evadir las exigencias sin temor al aislamiento que ello podría ocasionar.

Por otra parte, cuando la conectividad termina siendo una obligación para el trabajador y las TIC en vez de herramientas útiles son percibidas como instrumentos de control, este acaba sintiéndose vigilado y vulnerable emergiendo en él ansiedad y desequilibrio por no saber gestionar este tipo de comunicación.

 ## CONSEJO

Como **medidas preventivas** para no sufrir este **distrés tecnológico,** puedes poner en valor todas estas acciones:

- Aprender a gestionar el tiempo como recurso, planificando bien las tareas entre urgentes e importantes.
- Planificar el tiempo personal y no llevar a casa el trabajo.
- Evita en lo posible utilizar tus dispositivos personales para tareas profesionales. Puedes asignar una nueva línea telefónica exclusiva para el trabajo.
- Capacítate. Aunque la tecnología es cambiante, la autoestima se alimenta cuando se dominan varias competencias.
- Haz deporte, aliméntate bien y cumple con tu horario de sueño.

 ## TAREA 1

Mario ha observado que de un tiempo atrás tiene cierto desequilibrio entre la necesidad de tener que utilizar la tecnología en su puesto de trabajo y los recursos de los que dispone. La empresa pequeña en la que trabaja ha decidido poner en marcha una campaña de mesas limpias donde el papel deje de ser el protagonista. Sin embargo, Mario sigue viendo necesario manejar contratos y pólizas en papel mientras no sea posible digitalizar con alguna herramienta más profesional todos los documentos que se acumulan en la oficina.

Por precaución ante posibles auditorías, el jefe de Mario le solicita que los escaneos se realicen con la mayor rapidez posible, e incluso si es necesario utilizar medios o dispositivos personales. Mario anda preocupado porque teme utilizar su dispositivo móvil para escanear documentos de trabajo. Muchos de ellos tienen datos sujetos al tratamiento de carácter personal y teme no contar con las medidas de seguridad necesarias.

En base a esto, formula una explicación en la que se reconozca el papel que juegan las nuevas tecnologías como estresores o desencadenantes del distrés laboral o tecnoestrés.

## 5. Resumen

El **estrés laboral** afecta a la **salud ocupacional** de los empleados. Se trata de una enfermedad reconocida por la Organización Mundial de la Salud. Las causas que la originan pueden ser diversas, produciendo unas **consecuencias cognitivas, físicas** y **emocionales** graves al sujeto afectado.

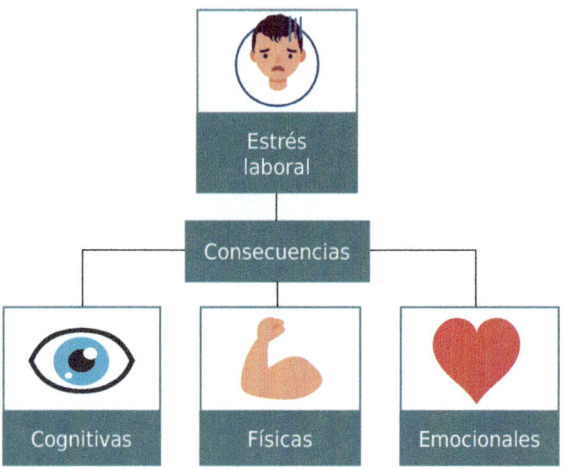

Por el contrario, existe otro tipo de estrés en los entornos organizativos totalmente saludable. Ayuda a las personas a afrontar situaciones dando unas respuestas ordenadas y equilibradas.

➲ Eustrés Laboral
➲ Distrés Laboral

La **resiliencia** es un factor determinante para saber abordar con buena salud las adversidades o situaciones estresantes que pueden derivar en una insatisfacción laboral o en el diagnóstico del **síndrome de *burnout*** (sensación de estar quemado).

Aunque son diversas las **causas** que pueden provocar esta enfermedad que deriva en muchas otras patologías, la **excesiva conectividad** laboral es un desencadenante del **estrés incapacitante.**

Aprender a **gestionar la conectividad** y la tecnología, y reforzar la **autoestima** y la **autoeficacia** es fundamental para mantenerse con una buena salud laboral frente a este mal del siglo XXI.

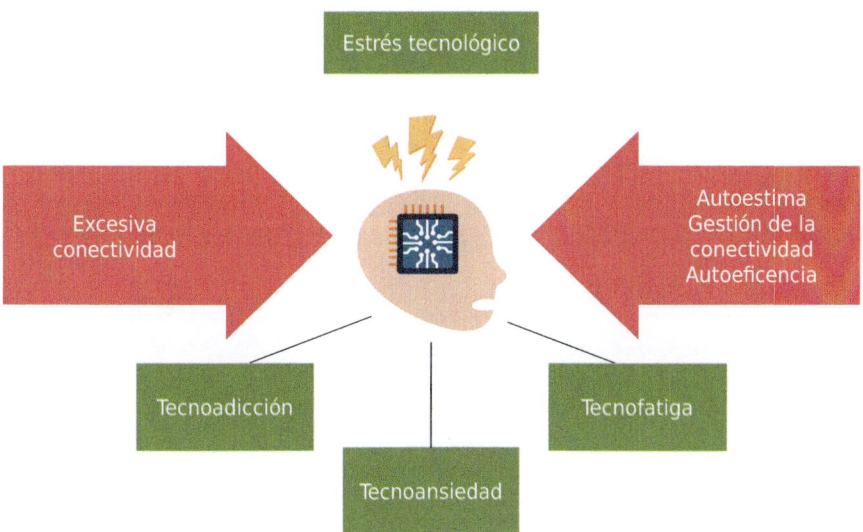

# Ejercicios de autoevaluación
# Unidad de Aprendizaje 1

**1. Indica si las siguientes afirmaciones son verdaderas o falsas.**

a. En el ámbito empresarial se hace necesario la mejora de metodologías organizativas y entornos de trabajo saludables, donde los recursos tecnológicos aporten los mayores beneficios con el fin de progresar hacia el bienestar humano.

- Verdadero
- Falso

b. El estrés laboral es un concepto nuevo del siglo XXI.

- Verdadero
- Falso

c. Las principales causas motivantes del estrés laboral suelen ser aquellas relacionadas con la sobrecarga de tareas, la gestión de recursos y los cambios radicales o imprevistos.

- Verdadero
- Falso

**2. ¿Qué nombre recibe el estrés laboral positivo?**

a. Tecnoestrés.
b. Eustrés.
c. Distrés.
d. Aeroestrés.

**3. ¿Por qué la resiliencia es una competencia importante para batir el estrés laboral?**

a. Porque sirve para gestionar y sobreponerse de emociones negativas.
b. Porque sirve como proceso para hacer una adaptación correcta de una situación estresante.
c. Porque es una buena herramienta de desarrollo personal.
d. Todas las opciones son correctas.

4. ¿Qué nombre recibe el fenómeno empresarial cada vez más generalizado en el que se permite que los empleados realicen labores desde sus dispositivos móviles?

    a. BYOD.
    b. BOYD.
    c. DYOB.
    d. DOYB.

5. ¿Cuál de las siguientes causas no desencadena el síndrome de *burnout*?

    a. Sobrecarga de responsabilidad.
    b. Reconocimiento e incentivos.
    c. Exceso de conectividad.
    d. Acoso laboral.

6. ¿Qué nombre recibe el estresor producido por el exceso de conectividad laboral por el uso de la tecnología?

    a. Tecnodidáctica.
    b. Tecnoestrés.
    c. Tecnoansiedad.
    d. Tecnofatiga.

7. ¿Qué nombre recibe la sobrecarga por el sometimiento a un exceso de estímulos por el uso de la tecnología?

    a. Tecnoconectividad.
    b. Tecnoansiedad.
    c. Tecnofatiga.
    d. Tecnoadicción.

8. ¿Qué tipo de consecuencias pueden derivar del síndrome del quemado?

    a. Cognitivas.
    b. Físicas.
    c. Emocionales.
    d. Todas las opciones son correctas.

9. ¿Qué sentimiento caracteriza el padecimiento del síndrome de *burnout?*

    a. Un sentimiento de euforia.
    b. Un sentimiento de deshumanización.
    c. Un sentimiento de compasión.
    d. Un sentimiento de empoderamiento.

10. ¿Qué dos competencias de desarrollo personal sirven para atajar el desgaste profesional?

    a. Autodesarrollo y autoestima.
    b. Autoestima y autoeficacia.
    c. Autoeficiencia y autoeficacia.
    d. Autonomía y autoeficiencia.

# Desconexión digital en el trabajo

## Contenido

## Objetivos

El objetivo general de esta Unidad de Aprendizaje es:

→ Profundizar en la base jurídica sobre la que se sustenta la libertad individual del trabajador al acogerse al derecho a la desconexión digital como herramienta legislativa, asegurando con ello el respeto al descanso fuera de los tiempos de trabajo.

Los objetivos específicos de esta Unidad de Aprendizaje son:

→ Describir el derecho del trabajador a la desconexión digital.

→ Formular malas praxis empresariales que vulneren el derecho a la desconexión digital.

→ Indicar las obligaciones de la empresa en relación al derecho de la desconexión digital para evitar la fatiga tecnológica de los empleados.

→ Señalar las ventajas que supone tanto para la empresa como para el trabajador el ejercicio del derecho a la desconexión digital.

# 1. Introducción

Hoy en día es una realidad que muchas personas conectan diariamente con sus responsabilidades laborales a distancia. La tecnología ha transformado el entorno laboral, permitiendo que las personas trabajadoras permanezcan conectadas al trabajo desde cualquier lugar y en cualquier momento, lo cual plantea nuevos retos para el equilibrio personal y profesional.

Todo ello supone una revolución empresarial, pero también un verdadero riesgo para el trabajador ya que se abre la puerta a la insolidaridad por parte del empresario de respetar los tiempos de descanso, vulnerando un derecho esencial.

Debido a esta realidad, y a fin de evitar los peligros de salud que entraña esta situación para el importante recurso humano, nace el derecho a la desconexión digital en el ámbito laboral.

En esta unidad conocerás cómo se instrumenta el derecho a la desconexión digital para proteger la vida personal y familiar de los trabajadores. También, podrás identificar cuáles son las obligaciones de las empresas para garantizar que esto suceda.

Para el desarrollo de esta unidad, seguiremos muy de cerca el distrés de Jorge, un padre de familia que decidió montar una franquicia de seguros dependiente de una central y que tiene grandes dificultades para desconectar de todas sus responsabilidades laborales.

# 2. Desconexión digital. El derecho digital del trabajador en la LOPDGDD

### ☞ HILO CONDUCTOR

Aunque Jorge decidió montar por su propia cuenta una oficina de seguros, realmente se trata de una pequeña franquicia con grandes exigencias en dependencia de unos servicios centrales. Esta fórmula de negocio proporciona a Jorge cierta protección, pero a la misma vez un gran grado de dependencia. Esto significa que aunque ahora es el director de su propia agencia, deberá comunicar a la central diariamente datos y resultados no solo por su trabajo, sino por cada uno de los miembros autónomos que conforman su equipo comercial.

España cuenta desde 2018 con un marco jurídico específico que garantiza el derecho de las personas trabajadoras a desconectar digitalmente fuera del horario laboral.

En la actualidad, el derecho a la desconexión digital ha sido reforzado legalmente a partir del 2018 para asegurar que ninguna persona trabajadora esté obligada a atender llamadas, correos electrónicos o mensajes fuera de su jornada laboral. Se considera un derecho irrenunciable. Esto significa que no puede ser anulado ni limitado por acuerdos internos. Las empresas están obligadas a crear **protocolos específicos** que garanticen este derecho, incluyendo medidas claras que eviten cualquier contacto digital durante los periodos de descanso, vacaciones o tiempo personal. En caso de incumplimiento, pueden aplicarse sanciones económicas significativas. Todo ello tiene como objetivo proteger la salud, la intimidad y la conciliación personal y familiar de quienes trabajan, especialmente en entornos donde las tecnologías digitales están muy presentes.

La Ley de Protección de Datos, entre otras cosas, fue completada con elementos de protección jurídica relevantes, relacionados con la conectividad digital, debido al incremento del uso generalizado de las nuevas tecnologías de la información y la comunicación. La LOPDGDD es el resultado de ese esfuerzo y presta especial atención en aquellos aspectos de protección relacionados al uso de la comunicación *online* en el ámbito del trabajo gracias al derecho a la desconexión digital.

La **Garantía de Derecho Digital** es el epígrafe bajo el cual la LOPDGDD, en su título X, expresa y desarrolla en cada uno de los artículos, desde el 79 al 97, todos aquellos derechos digitales que protegen a las personas en diferentes ámbitos de la vida; estos artículos son:

- **Artículo 79:** los derechos en la era digital.
- **Artículo 80:** derecho a la neutralidad de internet.
- **Artículo 81:** derecho de acceso universal a internet.
- **Artículo 82:** derecho a la seguridad digital.
- **Artículo 83:** derecho a la educación digital.
- **Artículo 84:** protección de los menores en internet.
- **Artículo 85:** derecho de rectificación en internet.
- **Artículo 86:** derecho a la actualización de informaciones en medios de comunicaciones digitales.
- **Artículo 87:** derecho a la intimidad y uso de dispositivos digitales en el ámbito laboral.
- **Artículo 88:** derecho a la desconexión digital en el ámbito laboral.
- **Artículo 89:** derecho a la intimidad frente al uso de dispositivos de videovigilancia y de grabación de sonidos en el lugar de trabajo.

- **Artículo 90:** derecho a la intimidad ante la utilización de sistemas de geolocalización en el ámbito laboral.
- **Artículo 91:** derechos digitales en la negociación colectiva.
- **Artículo 92:** protección de datos de los menores en internet.
- **Artículo 93:** derecho al olvido en búsquedas de internet.
- **Artículo 94:** derecho al olvido en servicios de redes sociales y servicios equivalentes.
- **Artículo 95:** derecho de portabilidad en servicios de redes sociales y servicios equivalentes.
- **Artículo 96:** derecho al testamento digital.
- **Artículo 97:** políticas de impulso de los derechos digitales.

## 2.1. Derechos del trabajador

El **artículo 88 de la Ley Orgánica 3/2018** enuncia el **derecho a la desconexión digital en el ámbito de trabajo** desarrollándolo en los siguientes términos:

1. *Los trabajadores y los empleados públicos tendrán derecho a la desconexión digital a fin de garantizar, fuera del tiempo de trabajo legal o convencionalmente establecido, el respeto de su tiempo de descanso, permisos y vacaciones, así como de su intimidad personal y familiar.*
2. *Las modalidades de ejercicio de este derecho atenderán a la naturaleza y objeto de la relación laboral, potenciarán el derecho a la conciliación de la actividad laboral y la vida personal y familiar y se sujetarán a lo establecido en la negociación colectiva o, en su defecto, a lo acordado entre la empresa y los representantes de los trabajadores.*
3. *El empleador, previa audiencia de los representantes de los trabajadores, elaborará una política interna dirigida a trabajadores, incluidos los que ocupen puestos directivos, en la que definirán las modalidades de ejercicio del derecho a la desconexión y las acciones de formación y de sensibilización del personal sobre un uso razonable de las herramientas tecnológicas que evite el riesgo de fatiga informática. En particular, se preservará el derecho a la desconexión digital en los supuestos de realización total o parcial del trabajo a distancia así como en el domicilio del empleado vinculado al uso con fines laborales de herramientas tecnológicas.*

El derecho a la desconexión digital está promovido por el objetivo de proteger la salud ocupacional del personal a fin de asegurar legislativamente los espacios de tiempo dedicados al descanso, vacaciones, permisos de trabajo y cualquier momento fuera del horario laboral acordado.

**ACTIVIDAD COMPLEMENTARIA**

2. El derecho a la desconexión digital tiene el objetivo de proteger al empleado. ¿Por qué consideras fundamental que exista un derecho como este para proteger la salud y el bienestar?

En base a esto, redacta en un pequeño párrafo algún sencillo ejemplo de una situación cotidiana en la que sería necesario acudir al reconocimiento del derecho a la desconexión digital.

## 2.2. Obligaciones de la empresa

La entrada en vigor de la normativa, el 7 de diciembre de 2018, implicó el reconocimiento de unos derechos digitales para el trabajador y también unas **obligaciones para la empresa.** Por este motivo, las organizaciones deben implementar con prontitud políticas que aseguren que los procedimientos digitales y de comunicación respeten la intimidad y el tiempo personal y familiar de las personas trabajadoras.

*Los sistemas tecnológicos o plataformas digitales que facilitan a las empresas que el personal pueda realizar trabajo online, deben tener definidas mecánicas y configuraciones que permitan la desconexión digital del trabajador en aquellos momentos en los que estos estén disfrutando de su tiempo personal.*

## ¿Qué supone para el empleador el cumplimiento de la normativa que da derecho a la desconexión digital del trabajador?

En primer lugar, las organizaciones deben acordar junto con los trabajadores por medio de sus representantes unas **directrices** que testifiquen cuáles son las medidas que se van a llevar a cabo en la empresa para garantizar una actuación ejemplar en la que se ejercite el derecho a la desconexión digital.

Las empresas deben recoger mediante **normas o políticas internas** cómo se instrumentará la convivencia entre la tecnología en el ejercicio de la actividad laboral y el derecho a la desconexión digital de los trabajadores. El objetivo de estas políticas es el de documentar qué medios tecnológicos se emplearán, cómo se llevará a cabo el derecho a la no conectividad y establecer el acuerdo entre empleados y empleador.

 **IMPORTANTE**

Las políticas internas aprobadas y acordadas por la empresa, junto con los representantes de los trabajadores, deberán estar compuestas de unos protocolos que garanticen el uso saludable de herramientas digitales y tecnológicas. Deben asegurar la salud ocupacional de los empleados, la conciliación de la vida personal y laboral, el derecho a la intimidad y todo ello aplicándolo también para el teletrabajo.

En segundo lugar, será necesario que la empresa lleve a cabo un plan para **sensibilizar** a sus empleados sobre el uso saludable de las nuevas tecnologías a fin de evitar adicciones y otros problemas importantes de salud.

Para asegurar los beneficios que persigue el derecho de la desconexión digital, no basta con implementar políticas internas que demuestren la buena fe para acatar la norma, también es necesario sensibilizar y formar al personal de todos los peligros que entraña para la salud laboral la hiperconectividad.

 **RECUERDA**

El psiquiatra Craig Brod fue quien acuñó por primera vez el término **tecnoestrés** para describir el malestar generado por la dificultad de gestionar de forma saludable el uso de la tecnología. A partir de este concepto surgieron otros más específicos que permiten identificar distintas manifestaciones del problema, como son:

- Tecnoadicción
- Tecnofatiga
- Tecnoansiedad

Por último, la empresa tendrá la obligación de garantizar el **derecho a la intimidad** de los trabajadores cuando estos estén en disposición de dispositivos tecnológicos de trabajo y en relación a la desconexión.

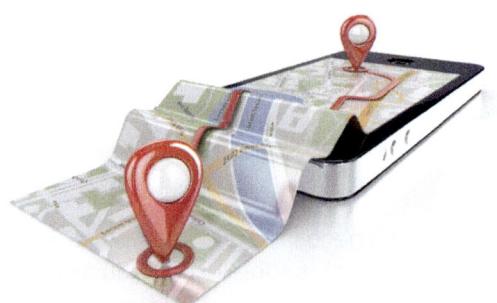

*En los estatutos de los trabajadores, donde se establecen las relaciones entre empresas y personal, deben quedar reseñados tanto el derecho a la desconexión digital como el derecho a la intimidad en el ámbito online.*

*Los trabajadores tienen derecho a la intimidad en el uso de los dispositivos digitales puestos a su disposición por el empleador, a la desconexión digital y a la intimidad frente al uso de dispositivos de videovigilancia y geolocalización en los términos establecidos en la legislación vigente en materia de protección de datos personales y garantía de los derechos digitales.*

(Art. 20 bis)

## EJEMPLO

Martina está disfrutando de vacaciones en un hotel rural. Aunque no tiene contacto con sus jefes ni compañeros de trabajo, el dispositivo móvil que está usando es el suyo de propiedad que ha sido configurado para que disponga de herramientas de trabajo, entre ellas un sistema de geolocalización. ¿Qué ocurre cuando esos dispositivos proporcionan datos del usuario relacionados con la localización o incluso algún sistema de videovigilancia?

¿Sabrá la empresa en todo momento dónde y qué lugar ha sido el elegido por Martina para disfrutar de su tiempo vacacional?

- - - - - - - - - - - - - - - - - - - - - - - - - - - - - - - - - - - - - - - - -

## DEFINICIÓN

**Geolocalización**
Permite ubicar en tiempo real la posición de una persona u objeto mediante herramientas tecnológicas conectadas a internet.

- - - - - - - - - - - - - - - - - - - - - - - - - - - - - - - - - - - - - - - - -

## Consecuencias de la vulneración del derecho a la desconexión digital

En la práctica, y a pesar del tiempo transcurrido desde la aprobación de la Ley Orgánica 3/2018 que consagra el derecho a la desconexión digital como una medida de protección frente a los efectos negativos de la hiper-conectividad, continúan produciéndose situaciones en el entorno laboral y en contextos de trabajo a distancia que vulneran este derecho de las personas trabajadoras.

En este sentido, la normativa es clara y en el caso de que la empresa no sea capaz de garantizar las limitaciones de uso de los dispositivos tecnológicos en aquellos momentos que los empleados tengan asignados sus tiempos de no trabajo, o bien que se atente contra la intimidad familiar y personal, las consecuencias pueden ser inmediatas.

A continuación, se describen los supuestos en el ámbito sancionador para la empresa por vulneración del derecho a la desconexión digital del trabajador:

Por incumplimiento de las obligaciones normativas
- La vulneración de las condiciones laborales
relacionadas al descanso del empleado, referidas en el
Estatuto de los Trabajadores (artículos 12, 23, 34 y 38),
será considerada infracción grave.

Por la no existencia de políticas internas relativas a la
desconexión digital
- La ausencia de un plan con medidas de desconexión
digital para trabajadores, en cuyo caso podrá
ser sancionada la empresa por no cumplir con el
Reglamento de Prevención de Riesgos Laborales cuyo
objetivo en esta área es el de evitar los riesgos que
entraña para la salud del trabajador la conectividad por
la inexistencia de un plan para la desconexión digital.

## DEFINICIÓN

### Teletrabajo

Según recoge el artículo 13 del R. D. Legislativo 2/2015, de 23 de octubre, por el que se aprueba el texto refundido de la Ley del Estatuto de los Trabajadores, se considera trabajo a distancia o teletrabajo todo aquel desempeño cuya prestación de la actividad laboral se realiza de manera predominante en el domicilio del trabajador o en un lugar elegido libremente por este, de modo alternativo a su ejercicio presencial en el centro de trabajo de la empresa.

---

## 2.3. Ejemplo de mala praxis: ¡ojo al *WhatsApp!* La herramienta empresarial de comunicación interna que más conecta

Es muy común utilizar aplicaciones como *Telegram* o *WhatsApp* para comunicarse tanto en el ámbito personal como en el profesional. Por este motivo, resulta fundamental conocer qué establece la normativa vigente, especialmente para evitar vulnerar los derechos de las personas trabajadoras y contribuir, sin quererlo, al desarrollo de **fatiga tecnológica.**

 **VÍDEO**

El en siguiente enlace se aborda el uso de *WhatsApp* y otras comunicaciones en el entorno laboral, analizando cómo esta herramienta de mensajería instantánea, totalmente democratizada, puede influir en la comunicación entre compañeros de trabajo y en la gestión de tareas.Se discuten tanto las ventajas, como la inmediatez y facilidad de uso, como los desafíos, incluyendo la posible invasión del tiempo personal y la dificultad para desconectar del trabajo.Igualmente, se ofrecen recomendaciones para un uso responsable de *WhatsApp* en el ámbito profesional, promoviendo un equilibrio saludable entre la vida laboral y personal.

https://redirectoronline.com/desctrabajo0215

## ¿Cómo cumplir las obligaciones normativas al utilizar la aplicación WhatsApp?

En esta ocasión, tendrás la posibilidad de conocer a través de Iberley, como portal de información jurídica, cómo han de ser estas comunicaciones de *WhatsApp* de mensajería instantánea en el entorno de trabajo.

Presta atención al artículo:

https://redirectoronline.com/desctrabajo0203

## PARA SABER MÁS

Si tienes interés en cómo has de proceder correctamente en el uso de mensajería instantánea, tanto con tus empleados como con tus clientes, accede al siguiente enlace donde conocerás con todo tipo de detalles cómo utilizar *WhatsApp* en tu empresa cumpliendo con el reglamento.

https://redirectoronline.com/desctrabajo0204

 ## APLICACIÓN PRÁCTICA

**Carlos es el director territorial de una empresa que comercializa productos cárnicos por toda la geografía nacional. Entre sus competencias está la de gestionar un equipo comercial cuyos agentes están repartidos por toda Andalucía. Para facilitar y agilizar la comunicación, ha creado sin preguntar un grupo de *WhatsApp*. De esta manera, podrá obtener rápidamente los reportes de las ventas realizadas en el día por cada agente, quienes le deberán informar por este medio de los resultados obtenidos al finalizar cada jornada laboral. ¿Está infringiendo Carlos alguna norma?**

**Solución**

Carlos ha incumplido la normativa al no solicitar previamente el consentimiento explícito de cada agente para ser incluido en un grupo de mensajería con fines laborales. En concreto, el artículo 5 de la Ley Orgánica 3/2018 relativa a la Protección de Datos y garantía de derechos digitales. En este caso, toda inclusión de usuarios en grupos de *WhatsApp* debe ser convenientemente autorizada por cada empleado. El consentimiento expreso es la fórmula más apropiada, puesto que una autorización verbal puede ocasionar algún problema a la larga.

## ¿Cómo ejercer el derecho de desconexión digital como empleado?

Ante una situación de desavenencia con la empresa, a cuenta de presentar quejas por sentirse vulnerado el derecho del trabajador a la desconexión digital fuera del horario de trabajo que derive en una sanción para el mismo o incluso el propio despido, este podrá ejercitar, en base a su derecho a exigir salud laboral como **derecho fundamental,** una denuncia ante la **Inspección de trabajo,** pudiendo ser la empresa sancionada por esta autoridad tras extraer conclusiones de sus investigaciones.

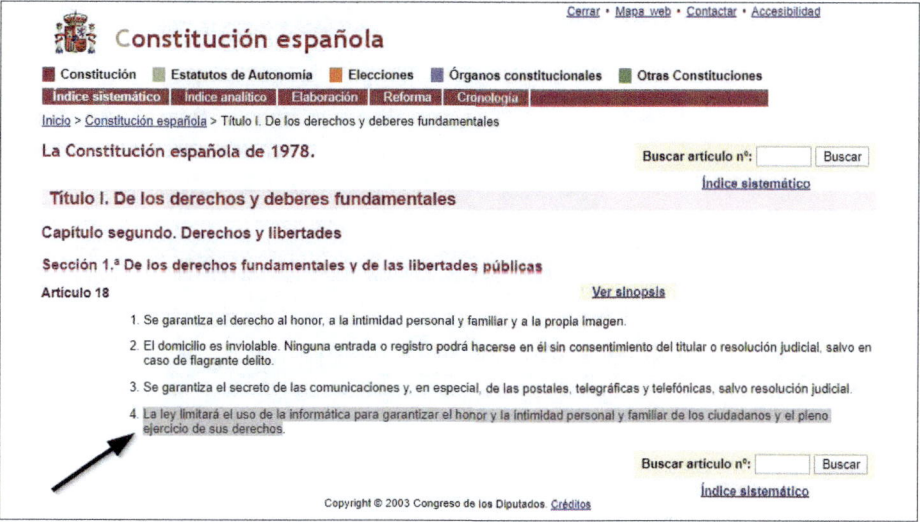

*Extracto de la carta magna en el que se hace referencia a los derechos y deberes fundamentales (Fuente: https://app.congreso.es)*

## IMPORTANTE

El procedimiento de denuncia interna obligado para empresas de más de 50 empleados para que cualquier miembro de esta, colaborador o autónomo relacionado con ella, pueda ejercitar el derecho de alertar de situaciones, acciones o determinados comportamientos por miembros de su empresa que pudieran ser susceptibles o catalogados de ilícitos recibe el nombre de **Whistleblowing.** Este sistema suele representarse en la web corporativa con un icono visible en forma de silbato que garantiza el acceso anónimo y seguro al canal de denuncia. Al pulsar sobre él, el responsable asignado para atender estas denuncias internas es la única persona que puede acceder al contenido de esta, procediendo a la investigación oportuna y objetiva.

## 2.4. Ventajas para la empresa y para el trabajador en el ejercicio del derecho a la desconexión digital

Es una buena práctica que aporta innumerables **beneficios,** tanto a la empresa como al capital humano, difundir buenos y originales mensajes entre los empleados, como:

La normativa que defiende el derecho a la desconexión digital jurídicamente favorece a las empresas en cuanto a que mejora la comunicación entre el personal con cargos directivos y los trabajadores, el absentismo queda reducido, y la ansiedad y el estrés al que están sometidas las personas dentro de las organizaciones disminuye mejorando considerablemente el compromiso hacia los objetivos y metas.

A continuación, puedes saber más sobre las ventajas de la desconexión digital:

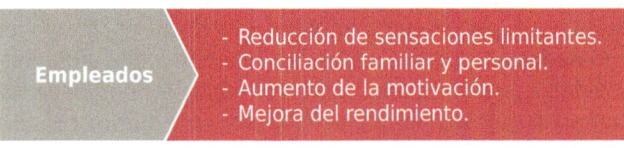

*Continúa en página siguiente >>*

*<< Viene de página anterior*

| Empresa | - Mejora de la competitividad.<br>- Mayor productividad.<br>- Menor absentismo laboral.<br>- Mayor compromiso.<br>- Mejora reconocimiento de marca. |
| --- | --- |

Nunca hay que olvidar que el activo más importante de una empresa es su recurso humano por lo que es importante que una organización proporcione todas las herramientas (también sirven a modo de mensajes) para su bienestar, incluidas unas buenas políticas que ayuden a desconectar.

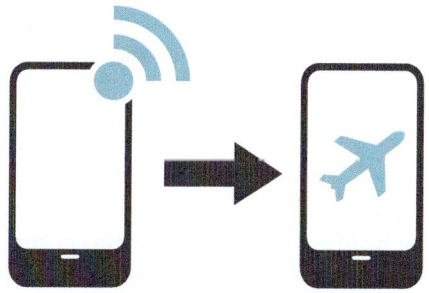

*Fomentar hábitos digitales saludables, como silenciar notificaciones o limitar el uso de dispositivos fuera del horario laboral en esta era digital es un buen antídoto para controlar la pandemia que ocasiona la temida sintomatología de ansiedad y estrés profesional de los trabajadores.*

## NOTA

Existe *software* o programas que sirven para configurar horarios de trabajo en los dispositivos tecnológicos que son utilizados fuera del entorno de trabajo. Esto imposibilita el acceso de los usuarios en determinados horarios, como tiempos vacacionales o de descanso. Ayudan a generar hábitos de trabajo y tener una mayor salud laboral.

# 3. Adicción a la conexión: ¿cómo superarla con tecnología?

## ☞ HILO CONDUCTOR

La responsabilidad de Jorge va más allá de los acuerdos contractuales adquiridos con la compañía de seguros a la que representa. Su espíritu comprometido le lleva equivocadamente a permanecer cada vez más conectado al trabajo. Correos electrónicos, mensajes de *WhatsApp,* reportes de agentes, problemas con clientes, y, encima, los avisos que emergen continuamente en la aplicación web corporativa no sirven de ayuda para desconectar su mente de las preocupaciones propias del trabajo. Con este panorama, la mujer de Jorge anda algo preocupada, no sabe qué hacer para conseguir que Jorge aparque el móvil y la *tablet* y disfrute al menos de algún rato de descanso.

Por todos es conocido que el uso de la tecnología e internet crea gran adicción. A las personas les resulta cada vez más complicado apagar el móvil o la *tablet* durante un tiempo prolongado. A todo esto, la situación empeora cuando desde la empresa se promociona el uso de los dispositivos móviles para trabajar desde cualquier lugar y a cualquier hora.

Aunque hayas conseguido desconectar de tu trabajo al llegar a casa, es muy probable que sigas y sigas utilizando la tecnología para comunicarte con el mundo en casi todos tus ratos libres.

**¿Sabes que es posible romper con estos hábitos haciendo uso de la tecnología?**

Con lo que viene a continuación entenderás que la tecnología en sí no es buena ni mala, es solo un importante y gran recurso al servicio de las personas pero que aportará beneficios o peligros según sea su uso o gestión.

**¡Rompe la adicción a la hiperconectividad con alguna de estas apps!**

- ➲ ***Activity Bubbles:*** con la app *Activity Bubbles* instalada en tu *smartphone,* experimentarás la adicción que tienes a tu móvil solo con desbloquear la pantalla de inicio. En ella se irán añadiendo incómodas burbujas cada vez que desbloquees el terminal. Además, cuanto más tiempo permanezcas en una sesión, la burbuja irá al mismo tiempo aumentando de tamaño.

- ⇨ **Screen Stopwatch:** el **funcionamiento** es similar a *Activity Bubbles* solo que en esta ocasión se sustituyen las burbujas por cifras. Al finalizar la jornada, y antes de dejar descansar a tu *smartphone,* podrás contabilizar el tiempo que has dedicado a la conectividad.
- ⇨ **Post Box:** con esta otra aplicación móvil llamada *Post Box,* podrás planificar mejor tu tiempo concentrando a la hora que decidas todas las notificaciones que habitualmente recibes en tu *smartphone.*
- ⇨ **Desert Island:** esta app te ayuda a priorizar cuál de las *apps* crees que utilizarás en el día. Se trata en realidad de un experimento de *Google.* Una vez seleccionadas, el resto de aplicaciones no te desaparecerán, únicamente evitarás caer en la tentación de entrar en ellas.
- ⇨ **Envelope:** en *Envelope* la creatividad es su genialidad. Te ayuda a gestionar tu *smartphone* para que se convierta únicamente en terminal para recibir llamadas y fotos. Esto lo conseguirás con una plantilla de papel que previamente tendrás que descargar e imprimir, y que te permitirá ver solo las teclas básicas del dispositivo ya que este se convertirá en sobre. Ello te ayudará a no distraerte y será genial ver cómo termina ese sobre al final del día.
- ⇨ **Unlock Clock:** con *Unlock Clock* volverás a una pantalla inicial con grandes cifras que representan las veces que cogiste el terminal, solo que en esta ocasión funciona exclusivamente como un contabilizador.

 ## PARA SABER MÁS

Si quieres conocer qué método sigue cada una de las *apps* propuestas para desintoxicarte del móvil y ayudarte a desconectarte, accede al siguiente enlace que explica de manera muy sencilla cada una de las propuestas.

https://redirectoronline.com/desctrabajo0205

## 4. Volver a lo básico: el gran antídoto

### ☞ HILO CONDUCTOR

Jorge jamás pensó que una simple app le ayudaría con su adicción de conectar a cualquier hora con su trabajo. Ahora que parece que esto está superado y poco a poco el hábito de conectar está más normalizado, Jorge y su bonita familia quieren reafirmar aquello que realmente tiene valor de verdad.

Buscar momentos a lo largo del día, o bien espacios de tiempo más alargados para poner en práctica la desconexión digital, es una necesidad vital del ser humano que vive en un planeta totalmente interconectado.

Quizá sea en este siglo XXI de la era digital el mayor reto al que se enfrentan las sociedades y tal vez el mejor momento para reflexionar y **volver a lo básico.**

###  VÍDEO

Este vídeo muestra una conversación con el mundialmente conocido conferenciante y profesor Emilio Duró. Sus charlas están protagonizadas por el entusiasmo y la pasión que transmite en todos sus mensajes. En esta ocasión trata de explicar qué debe ser importante para la humanidad en momentos en los que la situación es muy estresante.

https://redirectoronline.com/desctrabajo0206

## TAREA 2

Virginia, como responsable del Departamento de Recursos Humanos de una empresa de gran tamaño, ha implementado una política interna para cumplir los requerimientos normativos sobre el derecho a la desconexión digital y las obligaciones de la empresa recogidos en la Ley Orgánica 3/2018, de 5 de diciembre.

Entre los protocolos puestos en marcha están:

- Informar a los empleados a través de un memorándum, incluido el personal directivo, del cumplimiento por parte de la empresa de sus obligaciones en relación al derecho de desconexión digital, nombrando literalmente el artículo 88 de la LOPDGDD.
- Trazar una ruta de inicio identificando qué puestos de trabajo son los más afectados. Por ejemplo, personal con dispositivos móviles de empresa, jefes de equipo, comerciales y personal que, por su responsabilidad, trabajen en un horario distinto del habitual (turnos de noche, comercio internacional, etc.).
- Comunicar y documentar todas las medidas adicionales que facilitan la conciliación laboral y el derecho a la intimidad del personal: elaboración de una guía de buenas prácticas, manual de uso de recursos y plataformas digitales, guía de procedimiento para la prevención de riesgos relacionados al estrés tecnológico.
- Sondeo periódico entre el personal para mejorar la política interna.
- Asignación de la persona responsable para dar fe del cumplimiento de las obligaciones y para la recepción de denuncias por vulnerabilidad.
- Incorporar en la web el sistema de alerta y de denuncias *Whistleblowing*.
- Comunicar los cursos de formación y sensibilización para promover la desconexión digital y evitar los peligros de adicción tecnológica.

En base a esto, ¿podrías indicar si la empresa en la que trabaja Virginia cumple completamente con las obligaciones impuestas por la normativa?

Formula una explicación ofreciendo tu opinión sobre las actuaciones propuestas por Virginia. Para ello, indica si en conjunto cumplirían con las obligaciones de empresa, en relación al derecho a la desconexión digital, con idea de evitar la fatiga tecnológica de sus empleados.

## 5. Resumen

El **derecho a la desconexión digital** viene de la mano de la **Ley Orgánica 3/2018, de 5 de diciembre, de Protección de Datos Personales y garantía de los derechos digitales,** normativa conocida como LOPDGDD.

El derecho a la desconexión digital está promovido por el objetivo de proteger la salud ocupacional del personal a fin de asegurar legislativamente los espacios de tiempo dedicados al descanso, vacaciones, permisos de trabajo y cualquier momento fuera del horario laboral acordado.

La entrada en vigor de la normativa, el 7 de diciembre de 2018, implicó el reconocimiento de unos derechos digitales para el trabajador y también unas **obligaciones para la empresa:**

El incumplimiento de estas obligaciones por parte de la empresa dará pie a **sanciones:**

- ⮑ Por incumplimiento de las obligaciones normativas.
- ⮑ Por la no existencia de políticas internas relativas a la desconexión digital.

Únicamente garantizando las medidas previstas y consumando todas las obligaciones normativas, podrán salir beneficiados tanto empresa como empleados.

**Empleado**
- Reducción de sensaciones limitantes
- Conciliación familiar y personal
- Aumento de la motivación
- Mejora del rendimiento

**Empresas**
- Mejora de la competitividad
- Mayor productividad
- Menor absentismo laboral
- Mayor compromiso
- Mejora reconocimiento de marca

# Ejercicios de autoevaluación
# Unidad de Aprendizaje 2

**1. Indica si las siguientes afirmaciones son verdaderas o falsas.**

a. La Garantía de Derecho Digital es el epígrafe bajo el cual la LO-PDGDD, en su título X, expresa y desarrolla en cada uno de los artículos, desde el 79 al 97, todos aquellos derechos digitales que protegen a las personas en diferentes ámbitos de la vida.

   ■ Verdadero
   ■ Falso

b. El derecho a la desconexión digital viene de la mano de la Ley Orgánica 3/2019, de 5 de diciembre, de Protección de Datos Personales.

   ■ Verdadero
   ■ Falso

c. España ha configurado un ordenamiento jurídico que da respuesta a la necesidad de garantizar a los trabajadores el derecho a permanecer desconectados fuera del tiempo de trabajo.

   ■ Verdadero
   ■ Falso

**2. ¿Qué artículo de la Ley Orgánica 3/2018 enuncia el derecho a la desconexión digital en el ámbito de trabajo?**

a. Artículo 90.
b. Artículo 75.
c. Artículo 88.
d. Artículo 72.

3. ¿Cómo se instrumentaliza un conjunto de medidas que estén orientadas al cumplimiento de las obligaciones de la empresa para que los empleados ejerciten el derecho a la desconexión digital?

    a. Mediante un sistema de *compliance*.
    b. Mediante un conjunto de acciones formativas y de sensibilización.
    c. Mediante una política interna.
    d. Mediante un contrato laboral.

4. Las políticas internas aprobadas y acordadas por la empresa junto con los representantes de los trabajadores deberán estar compuestas de unos protocolos que garanticen...

    a. ... el uso saludable de herramientas digitales y tecnológicas.
    b. ... la salud ocupacional de los empleados, la conciliación de la vida personal y laboral.
    c. ... el derecho a la intimidad.
    d. Todas las opciones son correctas.

5. ¿Qué nombre reciben los resultados proporcionados por una herramienta tecnológica que permite a través de internet ubicar geográficamente la posición exacta de una persona u objeto en tiempo real?

    a. Geoestablecimiento.
    b. Geoubicación.
    c. Geolocalización.
    d. Geodistanciamiento.

6. ¿Qué nombre recibe el procedimiento de denuncia interna que existe en una compañía para que cualquier miembro de esta pueda ejercitar el derecho de alertar de situaciones, acciones o determinados comportamientos por miembros de su empresa que pudieran ser susceptibles o catalogados de ilícitos?

    a. Whistleblowing.
    b. *Hostingblowing*.
    c. *Vestingblowing*.
    d. Todas las opciones son incorrectas.

7. **¿Con qué imagen se suele representar el procedimiento de denuncia interna *Whistleblowing*?**

    a. Campana.
    b. Timbre.
    c. Silbato.
    d. Sirena.

8. **¿A quién favorece la normativa que defiende el derecho a la desconexión digital?**

    a. A la empresa.
    b. A los empleados.
    c. A la empresa y a los empleados.
    d. Exclusivamente a los directivos.

9. **¿Cuál de las siguientes respuestas representa un beneficio para las empresas por dar cumplimiento a las obligaciones que dan derecho a la desconexión digital del personal?**

    a. Conciliación familiar y personal.
    b. Reducción de situaciones estresantes.
    c. Mejora del reconocimiento de la marca.
    d. Aumento de la motivación.

10. **¿Cuál de las opciones propuestas puede ser un buen antídoto para liberar de estrés al personal?**

    a. Fomentar y promover reuniones lúdicas entre el personal laboral.
    b. Promover y facilitar el modo avión en momentos de desconexión laboral.
    c. Fomentar la implicación en el trabajo con premios por productividad.
    d. Todas las opciones son incorrectas.

# Glosario

**Agencia Española de Protección de Datos (AEPD)**
Entidad pública que vela por el cumplimiento de la normativa relativa a la protección de datos y derechos digitales.

**Autoeficacia**
Autoconocimiento para percibirse como individuo capaz de realizar las tareas que uno debe y puede realizar con los recursos temporales, humanos y materiales disponibles.

**Autoestima**
Proceso introspectivo dirigido a elevar la conciencia del yo que permite identificar las fortalezas, virtudes, limitaciones, miedos, necesidades y las áreas de mejora de uno mismo.

**Consentimiento expreso**
Es la conformidad mediante una voluntad declarada y manifiesta del individuo en aceptar obligaciones y derechos en función de un contenido específico.

**Cultura BYOD**
Es una tendencia generalizada del mundo de los negocios y las empresas que permite que los empleados puedan realizar actividades y responsabilidades desde sus dispositivos móviles, posibilitando el acceso a recursos empresariales incluso más allá de los horarios laborales.

**Datos personales**
Es toda aquella información que permite identificar a una persona física a través de su documento nacional de identidad (DNI), nombre, dirección, etc.; también, otro tipo de información que hace que la persona pueda ser identificable, como audios, fotografías, etc.

### Derecho a la desconexión digital

Derecho promovido por la Ley Orgánica 3/2018, cuyo objetivo es proteger la salud ocupacional del personal a fin de asegurar legislativamente los espacios de tiempo dedicados al descanso, vacaciones, permisos de trabajo y cualquier momento fuera del horario laboral acordado.

### Derecho a la intimidad

Es un derecho digital que ofrece una protección al trabajador para salvaguardar su intimidad frente al uso de dispositivos tecnológicos y cuyos datos podrían ser observados por la empresa.

### Desconexión digital

Se trata de un derecho que todo trabajador tiene para no conectarse a plataformas digitales, dispositivos tecnológicos como tabletas, *smartphones*, portátiles u ordenadores, o realizar labores profesionales ni contestar a ningún mensaje de manera telemática en aquellos momentos en los que se esté disfrutando de días de descanso, vacaciones o de un horario distinto a la jornada laboral.

### Distrés laboral

Es el tipo de estrés laboral que produce una respuesta de sobresfuerzo desproporcional en relación a la carga o actividad encomendada. Esto significa que produce una respuesta fisiológica totalmente desordenada que acelera la realización de las funciones de una manera desequilibrada, produciendo un agotamiento desmesurado en el individuo.

### Entorno digital

Es aquel espacio físico o virtual alrededor del cual las personas se relacionan a través de la tecnología y la red.

### Estrés laboral

Es una enfermedad reconocida por la OMS (Organización Mundial de la Salud) que produce en el trabajador unas consecuencias cognitivas, físicas y emocionales. Está originada y condicionada por diferentes causas unidas también a factores ambientales.

### Eustrés laboral

Es el tipo de estrés laboral que produce una respuesta ordenada y equilibrada. Prepara al individuo para afrontar cambios y dar respuestas positivas, produciendo en él una sensación de bienestar.

### Garantía de Derecho Digital

Son todos aquellos derechos digitales regulados en la LOPDGDD, y que protegen a las personas en diferentes ámbitos de la vida.

### Geolocalización

Es el resultado que ofrece una herramienta tecnológica a través de internet donde es posible ubicar geográficamente la posición exacta de una persona o un objeto en tiempo real.

### Gestión de la conectividad

Implica una forma eficiente y eficaz de gestionar saludablemente las tecnologías de la información y la comunicación. También supone la capacidad de desconectar de esta tecnología adictiva desde el control de los recursos y el tiempo, sabiendo evadir las exigencias sin temor al aislamiento que ello podría ocasionar.

### Guía de buenas prácticas digitales

Material que contempla medidas y recursos para facilitar a las familias, a los agentes educativos, profesionales, negocios o empresas consejos para afrontar la transformación digital de las actividades diarias.

### Huella digital

Es el rastro que deja un usuario cuando navega por internet.

### LOPDGDD

Ley Orgánica 3/2018, de 5 de diciembre, de Protección de Datos Personales y Garantía de los Derechos Digitales.

### Privacidad

Término totalmente unido al concepto de intimidad que puede definirse como un espacio reservado en el que un individuo se desenvuelve siendo propietario de información solo accesible a ella mediante autorización expresa.

### Recursos tecnológicos

Son todos aquellos recursos como sistemas operativos, *software*, aplicaciones, etc.

### Régimen sancionador

Es un procedimiento por el cual la Administración pública puede ejercer su potestad como órgano sancionador, determinando la causa objeto de sanción y la condena a imponer.

### Resiliencia

Es la capacidad que tienen algunas personas para superar con ánimo situaciones problemáticas, avanzando con actitud positiva frente a las adversidades encontradas. Como diferencia están las otras personas no resilientes, que no terminan de adaptarse ni sobrellevar ningún tipo de situación traumática.

### RGPD (Reglamento General de Protección de Datos)
Representa el marco jurídico de protección de datos que unifica las reglas comunes en Europa relativas al tratamiento de datos de carácter personal.

### Síndrome de *burnout*
Es una enfermedad reconocida por la Organización Mundial de la Salud (OMS). Su nombre, *burnout,* hace referencia a la sensación de "estar quemado". Este síndrome está relacionado con el estrés crónico que sufre un trabajador al abordar con presión sus responsabilidades laborales diarias.

### Tecnoadicción
Dependencia compulsiva por el uso de la tecnología.

### Tecnoansiedad
Sentimientos estresantes y excesivamente estimulantes que provocan malestar, nerviosismo y fatiga por el uso de la tecnología.

### Tecnoestrés
Tipo de estrés ocasionado por la incapacidad del individuo a gestionar saludablemente la tecnología.

### Tecnofatiga
Sobrecarga por el sometimiento a un exceso de estímulos por el uso de tecnología.

### Tecnología de la información
Es aquella tecnología capaz de proporcionar, almacenar, recuperar, transmitir y manipular información.

### Teletrabajo
Según recoge el artículo 13 del R. D. 2/2015, de 23 de octubre, por el que se aprueba el texto refundido de la Ley del Estatuto de los Trabajadores, se considera trabajo a distancia o teletrabajo todo aquel desempeño cuya prestación de la actividad laboral se realiza de manera predominante en el domicilio del trabajador o en un lugar elegido libremente por este, de modo alternativo a su ejercicio presencial en el centro de trabajo de la empresa.

### Transformación digital
Proceso de transformación del entorno al que se someten empresas, personas, etc., por la inclusión de las tecnologías y avances tecnológicos.

### Usuario
Persona física o jurídica que utiliza internet como medio recurrente.

*Whistleblowing*

Procedimiento de denuncia interna que existe en una compañía para que cualquier miembro de esta pueda ejercitar el derecho de alertar de situaciones, acciones o determinados comportamientos por miembros de su empresa que pudieran ser susceptibles o catalogados de ilícitos.

# Bibliografía

## Monografías

→ Benítez, Y. L. (2019). *Implantación de la Ley de Protección de Datos y Garantía de los Derechos Digitales en la Empresa*. IC Editorial.

   Guía práctica para la implementación de la LOPDGDD en entornos empresariales.

## Textos electrónicos, bases de datos y programas informáticos

→ 6 apps con las que superar la adicción al móvil y saber el tiempo que pasas con él, de: <https://blogthinkbig.com/6-apps-con-las-que-superar-la-adiccion-al-movil>.

   Artículo sobre herramientas tecnológicas para reducir el uso excesivo del móvil.

→ Constitución de la OMS, de: <https://www.who.int/es/about/governance/constitution>.

   Documento que establece el concepto de salud según la OMS.

→ Estrategia Española de Seguridad y Salud en el Trabajo 2023-2027, de: <https://www.insst.es/documentacion/material-tecnico/documentos-tecnicos/estrategia-espa%C3%B1ola-de-seguridad-y-salud-en-el-trabajo-2023-2027>.

   Documento estratégico que incorpora la gestión de riesgos derivados del uso de tecnologías digitales en el trabajo.

→ Organización Mundial de la Salud, de: <https://www.who.int/es>.

   Fuente general sobre salud digital y bienestar.

→ Utilizar WhatsApp en la empresa, de: <https://www.rsprivacidad.es/utilizar-whatsapp-en-la-empresa/>.

   Revisión jurídica sobre cómo cumplir con la normativa al usar *WhatsApp* en entornos profesionales.